JN438513

연홍도

연홍도

김은수 시집

| 책머리에

어젯밤 꿈을 꾸었다. 눈꺼풀에 낀 먼지들을 털어냈다. 왜 그리 많은 짚 풀들이 끼어 있었던 걸까? 꿈에서도 놀라 생각할 겨룰 없이 눈꺼풀을 뒤집어 털기만 했다 시원하게 보였다.

짚 풀은 곳곳에 숨어 있다. 눈뿐 아니라 마음에도 침범하여 고운 눈으로, 마음으로 바라보기가 서툴 때가 있다. 서툴어도 서툰 대로 아프면 아픈 대로 살아왔다 그 속에서 현실을 제대로 읽어내는 작업을 글로 풀어낸다는 것은 행복한 일이다.

뿌연 안개 속에 페달을 밟아 달리다보면 길이 보인다. 다리에 근육이 생기는 동안 힘들 뿐이다. 그렇게 단련되어 가는 과정에서 근육통이 온다는 것은 기쁘다. 하지만 사회가 만든 쓰리고 쩌릿한 통증은 전달하고 싶지 않은 깊은 상흔으로 가슴에 남는다.

거울에 비춰진 모습 너머 생채기를 읽어내려 애썼다. 상처의 실마리를 풀어내 덧나지 않게 봉합되어지는 자연스런 치유의 세상사를 말하고 싶다.

2018년 12월

김은수

■ 차례

2부

그래도 그래도

3부

옛것에서 온기가 나온다

4부

깨어남은 새로움의 시작이다

1부

도시가 웃는다

헤어짐이 달다

순간이다

지나온 시간만큼
아픔이 달다

마음 한 켠
무엇이라도 기억해 내지 않아도
하얀 향기가 맴돈다

어제와 다른 내 모습
그건 낯설다
그리고 징하게 파인
속 쓰림이다

어디쯤에서 날 찾을까

멀어져서 달콤함이다

빨개진 내 눈동자

50에 머리를 자른다

반란이다

경계가 모호한 이름에
발끝에서 머리까지 매달린 꼬리표
가볍지 않다
그럴싸한

이름들에 갇힌 자유의 실타래는
모서리에,
자신을 둘러싼 각종
의혹을 제기한
것으로 전부인 듯
에워싼다

주저 없이 뛰어들어
아파하던 시간들

부서진 시간만큼
무너져 가는 현실에
저항한다

남은 시간 찾아
혼자만으로
괜시리 서러운 나
어디쯤인지 모르는 지금을

자른다
반란이다

별의 후예

헛디딘 발걸음은
땅을 친다
어딘가 아찔하게
누군가가 그리운 날이다

겹겹이 주름져 달려온 파도가
그곳에
내 시간이 아닌
떠나간 시간에 끼여 있다
찌릇하다

갈 수 없는
그 길
그 시간
그 틈새, 까마득하다
거죽이 늙었지 속내는 아직도 여린 듯

삶의 무두질 속에
쌓였던 속내를
이제야
켠켠히 보인다

가팔라지는 나이 듦에 지쳐있다
허름하다
나도 너도 아닌
우리들의 전설이 된 그리움이다
내 아버지
내 어머니

분소식당에서

빨간 플라스틱 통 안에
졸복이 꽃핀다
잠깐도 쉬지 않는 식당 아주머니 손에
독기를 제거 당하고 있다
작은 체구에 걸맞지 않게 아등바등
발버둥 치는 것이 천상 아줌마다

있는 힘 다해 속 내어줘도 모자랄 판인데
입으로 뱉어내지도 못하고 뾰로통한 심기로
좁쌀 가득 키워낸 것이 독이다
발가벗은 졸복 여섯이 왕짱 몸매로
식당 안주인의 手作을
헤아리는 듯하다
그래봤자 고픈 배 물과 공기로 채웠을 뿐인 걸

종가집 맏며느리도 아닌 효자아들 며느리라는

언니에게 새겨진 주홍 글씨 달고
딸딸이 엄마의 속앓이로
개 짖는 집을 몸서리치며 지킨다
찬밥을 물 말아 넘기며
독한 맘으로 헛헛한 배꼴을 채울 수밖에
버거운 사람 노릇으로, 독 올라 속앓이하다
야윈 모습 감추기에 급급했다
그래도 타향살이 동생이 밟혔나 보다

언니, 졸지에 신열이 돈다
독을 메고 산에 올라, 항아리를 묻었다
포옹관휴적*이었던가
졸지에 게워낸 독설에 하늘은 노랗다
여자는 없다

---

* '항아리를 안고 밭에 물을 주다'라는 공자에서 유래 즉 뒤떨어진 생각이나 방법을 개량하려고 하지 않는 태도나 우둔하고 졸렬한 방법을 비유한 말

분소 식당 아주머니, 골격 좋은 놈으로
가슴을 녹여 놓는다

도시가 웃는다

옆집 순이네 엄마는
샘이 솟는 머리방네 앉아 있다
마음이 부푼다

한결 화장품 가게는
일 년 내내 문고리에 전단지가 쌓여있다

묵도리집은 사람이 없다
간판만이 커다랗다 묵도리친다

미미 옷수선 집은
주인장이 보이질 않는다
밖에는 수선합니다 작은 입간판이
손을 들고 있다

용틀임하듯 길은 달리고 있다

두레공방에는
뜯어진 골목을 기우기 바빠
팔과 다리는 부푼다
구름을 당기고 햇살을 당긴다

하나 둘 사람이 들어선다

울컥

대접을 엎었다
사방에 눈알만 또르르
얼룩으로 존재화 시킨다
멈춤이다
소용돌이를 풀어헤침으로 전쟁은 끝났다
머쓱해진 시선으로
기어든 생각에
얽힌
속앓이
물컹하게 부풀어 오른다
뼈대로 가라앉아버린 알갱이마저
밀대로 치우기까지
화려하다, 날아다닌다

늦은 시간만큼
자국은 남는구나

돌담길에서

타향의 흙벽엔
그리움이 숨어 있다

멀리 있어 그리움이다

바람도 드나든다.

넝쿨 장미도 드나든다.

땅
바람
흙 속에 움직이는
그리움이다.

확성기에 매달려 나오는
긴 숨처럼

바람에도
넝쿨장미에도
살아있는 고향이다.

줄무늬하이에나

도시의 허기는 하이에나를 삼킨다

건물과 건물 사이에 돋아난 뿔은 걷고 있다
이 순간 사막이다
빛이 발아한 듯 사방은 뜨거운 열기로 후끈거린다
눈동자의 움직임조차 보석이 된 듯 볼륨이 살아 움직인
다
모래가 쏟아낸 입김인 것을
세상은 안다, 용을 쓴다

달라붙은 찐득한 열기를
품어내며 콘크리트는 체온조절 속에
빳빳한 깃으로 침묵을 키운다
달려드는 줄무늬하이에나가 있다
까칠한 콘크리트 규격에 맞춰 움직이며
예측불허 부딪침에도 수긍해야 하는

사막에, 모래언덕으로 고꾸라진다
마른 모래만이 빛난다, 신기루다
뼛속으로 파고든 갈증에
당당히 열꽃으로 핀다

근육진 감정이 핀다
벌렁 누워버릴 것 같이
얼어붙은 이곳
끊어진 혈관을 동여맨 콘크리트의 상처를 어루만지듯
아지랑이 꽃과 함께 새가 날고 있다
신기루엔 새가 없다
오아시스다
바짝 달라붙었던 말은 튕겨져 구름 그림자로 도시를 메운다
매끈한 맘브리노의 황금투구*를 향한 질주는
줄무늬하이에나다

줄무늬하이에나다

한낮 사막은

벌겋게 허영덩이를 데운다, 뜨겁다

걸어갈 수 없는 곳, 걷는다

줄무늬 벼슬을 단다

이제 표범과의 대적을 준비한다

---

* 맘브리노의 황금투구; 돈키호테 소설에서 진정한 용사에게 모든 위험으로 부터 그를 보호 해 준다는 전설적인 황금투구

한낮에 음치를 만났다

핏대를 세우며
소리 지른다

갈증에 더욱 핏줄은 선다.
목마름에 뿌리조차 허겁지겁
사방에 뻗는다

목젖을 다독인다.
화려한 태양 아래
펼쳐 보이려 안간힘은
가슴을 쥐어짠다.
남은 눈물 삼키며
보이지 않는 밑둥부터 오르는 뜨거움
가득 불러 모아 본다

저 멀리

두드득 드드득 처마 밑에
요란한 악기의 울림이 시작된다.

저 멀리
흐르는 음 줄기
꼬랑지 내려지듯 음표의 날림이 시작이다

빌딩은 사라지고
숲으로 선다
뿌리부터 올라오는 감정의 웨이브로
출렁이는
어린 새싹은 뜨겁다

목청껏 노래한다
끊임없이 하늘만
오르던 도시에

바람이 인다
새삼스레 훈기가 있다

끔찍한 몸치와 음치의 아름다움을
이제야 찾는다

아직도 어린 싹인 것을…….

음률의 밤

사방을 적신다
기타의 설렘은
밤이면서도 어둡지 않은
하늘에 퍼포먼스를 한다
피아노 건반으로 선 계단은 노래에 파묻힌다.

그저 파란 밤은
아찔하다
음률이 태어나는 그곳
누구의 아픔일까
귓불 댄다.

아직도 프라하 밤은
세월이 가져다준
신경통을 앓고 있다.

사람

길이었다지
달리는 욕구를 감염시키는 것이

길이 사라졌다지
곤두세우는 불안감을 얹힌 것이

사람, 사라진 길 위에 길을 냈다지
여행자라고 한다지
다다른 길 끝자락엔
혼돈 위에
노래를 한다지
보이지 않던 길이란 것이

길 너머엔 자신이 보인다지
스스로가 길이란 것이

낙엽

불쑥 달려와
파르르 서 있다
싱그런 파란 전보

이글거리는 지구를 한 손에 쥔
두꺼비 손으로
빗물도 바람도 품으려
버거움도 모른 채 서 있는
파란 편지지
마냥 멋지다

울긋불긋 색조화장으로
밤마다 심혈을 기울여 찾아온다
두근거리는 가슴 어쩔까
깜빡 졸던 길도
훔쳐보며 점점 벌건 홍조 띤다

무대 의상까지 갖춰 입은
천상 고백 이벤트다

밤사이
마지막 편지 받아 쥔 다음에나
알았다
서리가 내렸다

순간이다
만 년이다

독락당

하늘
땅
바람
살고 있다
살아 있다

계곡 물 위에
정자 위에

보아야 보이는 곳에서
회재 이언적 선생은
보고 있다
난 그곳을 보려 한다

눈을 감는다

호연정

쌓아놓은 생각과 기억이 무너진다

생각대로 보여주는
민낯의 이야기에
한반도의 선그뭇에서
부비고 있는 저 금호강마저
멈춘다

뭐 대단타고
수북이 쌓아 놓은
세월의 心地를 내려놓는다
저기 저 득도의
바람도 바람이 아닌
창방의 부채 곡선으로 휘어져 있다

어찌 몰랐을까

이런!
홀연히 놓아지는 곳을

신명나는 자연의
풍물놀이 한마당이다

2부

그래도 그래도

모른다

시간도, 하루도 모른다
뱃골에서 소리가 흐른다

방바닥에 볼펜 한 자루가 누워 있다
명함 한 장 놓여 있다
하얀 메모지 집게에 잡혀 있다
시집 한 권
때 지난 공과금 용지 떡하니 버티고 있다
말라붙은 걸레가 널브러져 있다

안과 밖 없는 창살은 분주하다
야속하리만큼
바람도 햇살도 어둠도
창살 크기만큼만
흐른다

크기보다 앞선
햇살과 어둠을
시간은 용납하지 않는다
먼저 달려가고픈 것을

그래 약속하다
그래 모른다

나, 萬黃氏*

거미줄에 걸려 있다

끊어질 듯 휘다
지레짐작할 수 없는
줄에
앞도 뒤도 없이 잡는다
사방이 흩어지는 울림처럼
보이지 않는 세상
어머니!

한숨 짓는다
두툼하고 무딘 손으로
늦은씨라 마냥 바지지하던
빛바랜 조각이불 기워 놓듯

* 못나고 어리석은 사람을 이르는 말

한 땀 한 땀,
한 편 한 편,
우주를 기워 놓던 그 주름 안에
저리 굽은 세월, 이기지 못해
빗물에 감춰진 결 줄로 튕겨
처진다, 질기고 질긴 모성
애착과 분리가 만들어낸 탄성으로
땅에 닿을지언정
나뒹굴지 않는 묘기의 순간들

창씨 속에서
살아남은 질긴 피
사랑이 빚어낸 열쇠로
속을 열어 볼 수 없는
모진 여인이었건만
시간에 얹혀 있다

이제와 어머니를 찾는다
우주를 짚는 손

불가능을 열다, 옥룡설산

감정이 엎어졌다
눈발
귀퉁이 잡고 걷는다

버리지 못한 낡은 옷만큼이나
허름한
나이듦에
지쳐있다

가팔라지는 호흡만큼
수축되어가는 혈관
그 속에서
나와 나는 하나이다

무한의 계단을
한 계단 한 계단 높아질수록

가팔라진 감정에
몰입한다
‘잘한다’

가슴팍에 끼였다, 숨이
아,
나와 나
골이 깊었나보다

마주선다

카피바라의 하루

한낮에 음치 카피바라를 만났다

집 앞 놀이터에 재규어가 나타났다
아이의 아우성에 엄마는 바르르 떤다

카피바라의 휘파람을 불듯 숨찬 소리
대지의 들썩임
평화로운 둥지에 핏줄이 선다
그곳엔 잔인함이 스민다, 곤두선 신경은 어린 새끼들 찾는다
불러야 한다 절규 같은 노래
독수리 날갯짓에 숨죽인 벌판
카피바라의 목젖을 다독인다, 갈 길은 멀다
모질게도 흔들린다
사방을 핑 돌게 하는 바람, 허기진 자들의 울림으로 아찔한

아이의 그네가 한 바퀴 우주를 돈다
엄마의 피가 거꾸로 돈다
그렇게 혈류가 거꾸로 솟구칠 때
놀이터는 없다
무뢰한을 때려 눕히듯 엄마의 노래는
땅에 곤두박힌다, 정글 속 아이는 떤다
무섭다고 갈 곳은 없다
엄마의 심장 소리 더 가까이에 있기만을

두렁은 꿈틀댄다
그저 지켜내야만 하는 삶터를
도끗날같이 흩어진 둑을 메운다
싸늘한 핏기는 초원의 긴장감을 불러일으키고
버거운 노랫소리는 사방에 부풀어 오른다
앙칼진 발톱은 없고 묵직한 주둥이의 카피바라
흙을 파내고 자신을 파내는 애달았던 시간들

아이는 놀고 있다,

대지를 입에 물고 뛰어든 카피바라는 노래를 한다
어미의 노래는 아름다워라

그래도 그래도

한 번쯤
욕으로
소리 목 울대를 부풀려
외치고픈
샛바람이다
사람들이 있는 현실 속에서
사람이 없는 현실
허공에 부서져 울부짖는 웃음
그래도 그래도
사람이다, 침묵을 트다
저 멀리
보이는 가까이
누군가의 훈기 따라 걷는
돌담길이듯
내 속에 난
내 길 찾아 띄엄띄엄 걷는다

내 길을 내가 못 보다니
욱하고 내 지를 수 없는
엉킨 감정이
목을 지나 눈으로 쏟아지기라도
그래 도도한 매력을 발산하자고
덮어 놓고 확
웃옷을 벗어던지고
저질러 본다
귀 달린 바람이 꿈틀댄다
두려움이다, 내가
그래도, 그래도
사람이다, 침묵을 깨다

바람이 길을 연다

그지없다, 육갑잔치는 시작이다

그지없다 장난스런 표정과
익살스런 웃음이 터져 나오는
그 사람이 아니다
그저 평범한
그저 하루 종일
가만히 있어도 어색하지 않은 사람이고 싶어 한다
파마머리가 어색하고
킬 힐이 어색하고
네일아트가 어색한 사람
왼종일 나로 담은 하루가 익숙한
그런 사람이 아니다
바람도,
침묵도,
햇살도,
샛강도 흐른다 온전히
그 사람이다, 그 자리에 있었다

세월을 찾지 못한 육갑의 흔적은
길 위에서 램프를 켠다
육갑잔치는 시작이다
봄이다 육갑의

보성에서

야생의 우주 한 권
초록 별 한 권
음으로 흐른다

한 계단 한 계단 오르다 무심한 듯
본다, 그저 주저앉아
곁에 있어서
그저 빛이 난다

특별하지 않지만 특별한 시간들이
녹차 잎 위에 있다
화려한 녹색의 햇살이
지금 차오른다

녹색의 향기는
입 안 가득 흐른다

영혼 가득
초록이다

불면증, 잠시

붙어 있는 건 잡념뿐이다
사라진 시간은 거꾸로 서 있다
수없이 다시 오르려 하는 건
망고의 내 생각일 뿐
그저 쏟아진 순간이다
나도 너도 아닌
이쪽저쪽
쫓기듯 우르르 이분의 일은
어느 곳에도 없다
공세를 펼쳤다 수그러들지 않는
어둠 속 게임의 밤과 낮
이승과 저승
엉키듯 매여 있는 밝음의 역공에
그저 꼬박꼬박
기억하여 내어준다
그래봤자

그저 쏟아져 내린 시간이다
날이 서 있다 벌겋다
홍조 띤 내 모습, 그건 홍건히 살아있는 영혼
다행이다

소리쳐 봐

단 한 번만이라도
단 한 번이라도 뱉어 내고 싶다
욕지거리들
덕지덕지 붙어 있는
저 오물들
나에게 붙어 있다
보니
그 시절을 찾아가듯 그린다.
웃음을 자아냈다 할 하루의 대들보가
무너져 내린
뉴스의 일면이
일으킨 촛불임을
일으킨 심장임을
말았다, 무릎을
죽을죄로 조아린다
하지만 죽지는 않는다고

지금 이 순간 수천만의 눈동자는 멈췄다

촛불에서 촛농이 흐른다

아! 염병하네

쭈글시럽게 하늘이
웃는다
그래봤자 감출
수가 없다 하더라도
해야지 란다
모른다, 모른다
뱃골에서부터 욕을 자아내는
그 가진 자들의 환영의 소리가
아슬아슬한 초미니
소리까지
귀엣말로 속삭이던
말이 튕겨져 쏜살같이 나른다
아!
염병하네
쭈글시럽던 하늘이시여
뚝뚝 떨어지는

묵었던 숨이 트인다
아!
홀연히
들이민다
강렬한 저항의 시간들
막다른 길에 서 있던
조여진 감정들
물걸레도
싸리 빗자루도
빗발쳤다 단비
아주머니였다, 뼛속으로 파고든 갈증에
새로운 철학은 떴다

파도, 파도는 아프다

저 멀리에서
고래고래 달려온다

가만히 있으란다
가슴에 거품이 부푼다

그저 바라본다
가슴엔 구멍이 늘어만 간다

그저 잠깐에
엄마를
아빠를
허공에서 찾는다
하늘이 부서질 듯 삼백사 번의 질문에
듣는 이도 부서진다

바다의 하얀 언어들
모래 위에 떨어진다
파도는 아프다
단지 절실함이
휘돌아
땅을 친다

기울어져 가는 바다에
고개 숙인다
그리고
미안하다
삼백사 번째 말한다

파도는 아프다

지금, 겨울

줘버린 감정
홀로 지탱할
비워진 곳에 계절은 살아 있다

엎치락덮치락 덤불 위를 비벼대는 햇살 뒤엔
밤새 꺼져가는 꿈을 살리려
수천 수백만 활자를 끌어다 올린다.
빈 속 들춰내려 안간힘 쓰는 바람에

청년 일자리
일자리 창출
번쩍 뜨이는 활자에
꼬여진 내장의 솜털까지 선다.
단어를 으스러지도록 쥐어짠다.
지하 십 층의 깊이로 나뒹구는 손엔 바람을

잡아 보기라도
파도가 인다. 동공에
활자를 한 층 더 끌어올린다.
초과된 몸무게만큼 청년은 흔들린다

아들내미 손에
쥐여 준 전지가위
움켜진 손에
살얼음은 금이 가고

달궈지고 있다. 통장이
봄이

삼십오만 개 눈으로도
지키지 못한 도둑

붉은머리오목눈이
위에 뻐꾸기의 눈은 빛난다
가장 수월한 곳을 집중해
촉수를 겨냥한다
심장의 심줄은 당겨진다
거울체 (몸체) 탐심은 움직인다, 탁란을 한다

욕구는 불탄다
얌체 짓이 익숙한 몸놀림은
내일을 잡듯이 과녁을 향해 당긴다
아픔이다

이것이다 내 것이다
달려온 순간,

박히는 순간,
눈은 사라진다
오로지 모성이 산다

삼십오만 개의 눈이
지킨다 붉은오목눈이의 육추는
뻐꾸기 서글픈 노랫가락으로
자연을 깨운다

아픔으로 낳은 소리
맑게 울린다
모여진 눈으로,

웃음이 깨지는 오월

순간,
하나가 둘이 된 세상에, 그간
기도의 주문들
머리 위로 우르르 쏟아져 내린다
하늘이 없었다

곧 담벼락에 오른 심장만큼
준비할 수 없는 상황이다
그저 그럴 것 같은 세상살이가
뼈저리게 그리워
저 멀리 있는 하늘을 차마 부르지 못한다

다시 한 번 골목에서, 거리에서
껄껄대다
또다시 웃음으로 번지던
하나의 세상을 향해 포즈를 취했던

그곳에 총부리는
우리의 아들을, 아버지를, 여동생을
앗아갔다

밥 먹자
어서 묵어야제!
구수한 엄마 잔소리
아내의 잔소리
저기서 들려온다
백 번 천 번 듣고 싶은 소리
하늘이 내린 소리를 지른다
아가야!
여보!

타미트라*의 향연

탁 치는
순간이다
체리 향이 퍼진다

우러난 색이

바사삭 부서질 듯 경계는
맛깔스런 빛으로 무심코 넘어선다
서걱거리는 불편한 심기를 감추지 않은
채 드러난다
무딘 속을 울렁이게 다가온 사랑이듯
단지 아프다고 찾아드는 수다이듯
잠긴 목젖에
차오른 향이

---

* 타미트라는 타악 공연단의 이름이다
'타'는 타악을 줄인 말이다 '미트라' 친구라는 의미를 가진 인도, 이란어이다

품어낸다 긴장된 빛의 속도만큼
감정들은
여기에 있다
속에서 부서지는
감정들은 내놓을 수가 없다 유리 상자에
갇혀 그저 통증을 겪는다 파르르 퍼진다
부채살 따라
수줍은 듯
무심한 듯
흐름은 북통 마구리로 이어진다
어디쯤에서 오는 줄 모른다
뱃골에서부터 자아내는 손짓이다
바보스런 모습이 남겨진
가슴을 울리는 그 소리가
떨림이다 꼭 막힌 땀샘의 터짐이
떨림으로 선다 채의 놀림에 따라 커져가는

순간
쏘옥 쏘아올린 리듬의 향연이

빛이 살아난다
색이 우러난다
자연이

화가 난다

토하질 못한다
그렇게 멍이 든다
뜀박질하고
내뱉는, 흘리기도 하는 감정
땅에, 하늘에
자양분으로, 자양분답게
이리 동동
부뚜막을 오르내릴까
세상 속에서 김 서방 찾듯이
내 속에서 헤매고
다항식으로 더해진 단어들이 떠돈다
가슴에 쌓아놓은 먹먹함을
쏟아야 한다
단어들 또한
부서뜨려야 한다
머리는 주문을 외듯

수천 번
쓰다듬는다
괜찮다고, 누적된 화를
꺼내들었다
참으로 안쓰러운 정답이다
내 안에서 가져진 것을 누가 알 것인가
눌려진 감정들
사혈을 한다
묵힌
벌건 단어들이 발밑에
보도블록으로 눕는다
평범한 것을

파도

저 멀리에서
고래고래 달려온다

그저 바라본다

그저 잠깐에
부서져 내리는 질문에
듣는 이도 부서진다

바다의 하얀 언어들
모래 위에 떨어진다

단지 절실함만이

눈물의 언어

연홍도

액자 속
돛단배가 움직인다
열린다

그곳
격정의 순간을 지나
평온의 순간
무지개가 떴다

마냥 열어 보아도 가슴 떨린 그 자리
카메라 렌즈 눈으로 보던 그 모습
어느새 연홍도로 서 있다

파도 속 물음에도
온몸 가득 품어낸 바위는
파릇한 이끼 꽃 담은 낯선 눈동자마저

어제인 듯 설렘이 차오른다
살아 있는 연홍도에서
나도 살았다
가슴이 뛴다

소몰이 노부부 밭이랑에
연홍도는 붓을 든다
그리운 사람을 그린다

오세브로*

천상이려니

저 멀리 핀 꽃이련다
그 너머는 먼 그리움이다

그림자도
숨소리도
바라보기에도
그저 아득한 미련이다

천상을 옮겨 놓은 그곳을 가기 위해
한 발 한 발 숨도 멈춰지는 곳
생각도 멈췄다

---

* 스페인 작은 마을

파란 묵주, 기다림이다

기다림의 숙제는 시작이다

얼얼한 틈으로
고통을 안을 준비를 한다
하루일까
한 달일까
이십삼 년이 될까
정처 없는 시간은 묵주에 얹힌 채
놓아버릴 수 없는 그리움에
한 알 한 알 돌리며
스치는 한 사람을 위해 기도한다
아프다
부족한 딸이라서
또 한 사람을 위해 기도한다
안쓰럽다
부족한 부모라서

그들의 꿈을 위해 묵주 한 알이 돌아간다
또 한 사람이 그리워 묵주 한 알을
우주 한 바퀴로 돌린다
하늘이 파랗다
그리고 기다리고 기다린다
스치는 인연들을 위해
묵주는 돌린다
어느 사이 스물세 번의 번뇌는
몇 년, 몇 십 년의 시간만큼으로
짧은 시간을
긴 시간을
순간이었음을…
미소에 빠진다
아직 살아있다 시간이
서둘러야겠다
달려가야겠다

기다림은 꿈이 키워낸
그리움이다

자연스러운 거

눈이 그립다
소리가 그립다

보이지만 보이지 않고
들리지만 들리지 않는다

움직여야 소리다
보아야 눈이다
속삭인다
혼자다

그래서 힘들다

다 알고 있어 더 아프다
보인다
느낀다

반백년 움직여서야
이제야 내 모습이
소리를 듣고 싶다
그림자를 보고 싶다
소리의 길을 따라 걷고 싶다

나이에 의거한 것은
성별에 의거한 것은
싫어
자유의 몸부림은
뒤튼다

똬리 튼 우리가 아닌 듯 우리인 것을
보고
느끼고
아니다

맞다
모두가 틀리다

3부

옛것에서 온기가 나온다

지붕에 뿔이 났다

날아오른다

하늘을 찌르고
땅을 치는
우레를 삼키는
까맣게만 보이던 순간
용을 쓴다 달라붙은 찐득한
현실이
탈출한다
그리고 바라보다
빛나는 저 별
어디쯤일까

짓눌려진 땅을 벗어나
날고 싶은 것

도깨비 나무의 용솟음은
순간이다

날것으로
서 있다
변두리에 서 있던
파아란 생이손
뜨거움으로 뽑아내야 하는 독성이 가득하다

지난 세월이구나

봉당 위 제비집

기억을 부도낸 범인은
처마 밑 탐내던 비둘기였다

뚫렸다, 하늘이 보이고
이리저리 치인 농부의 밀짚모자
짚기스락 둥지를 향해 관통하는 눈빛 쏟아진다

지붕이 있다
하늘을 앉혔다
기둥이 있다
아득하던 미래도 보인다
허름한 시간 제비 똥으로
신발 위로 떨어진다
바람으로 묻어나는
아이들 소리
휘오리 바람 안에

휩싸여
온몸 뒤틀려 가고
이편 저편 없이
조여진 하늘
마당 안에 침범한 세상으로
제비집을 관통한다

익숙한 발자국
뻔뻔스레 갇혀 있다

태화강

물속에서 야윈
그림자 도시엔
할머니가 있다

잠투정 밥투정 세상투정 다
받아주던 할머니
갈퀴 품은 빌딩숲 언저리에
홀로 서 있기 무서운
언제나 사거리에 서 있는 나
아찔한 물속 세상 시름
함께 품어준다
어릴 적 꿈의 도시
허물 수도
세울 수도 없는 도시
오르지 품어주고 안아줄 뿐
신호등 없는

할머니 품속은
오늘따라
키가 쑥쑥 커 있다
뜨습다

8월엔

찜통 안에 있다
콧잔등에 주름을 메우는 물기에 맞춰
감정에도 엔간히 데워져 간다
머리숱 사이사이 물기가 돌기 시작한다
찜통은 사방으로 열기를 품어낸다
긴장된 빛의 속도만큼
둘레를 감싼 감정들을, 가슴을 달래기엔 아직은
충분한 훈풍이다
입꼬리가 처지기 시작하면서
인중에 물기가 블록하게 새고 있다
불쑥 이마를 점령한 감정을
회유하기엔 그만이다

종아리마저 물기가 봉곳하다
이건 감정에 구멍나기 십상이다
얼른 차갑고 달콤한 얼음과자를 투여한다

잠시 얼얼한 틈으로
감정을 잡았다 싶었다
뒤돌아본 순간
감정의 꼭지는 풀렸다
찜통의 열기는 계속 더해진다
달콤한 말을 투여한다
어라 덧났다
감정이 울퉁불퉁 일어선다
무디었던 오장육부까지 더해져
터졌다
온몸에 벌건 감정이 흐른다
사방이 폭포수다

또 다른 희망이다

말이 누수 되고 있다

천장에서 물이 새고 있다
좌불안석이다

말이 새고 있다
불쑥불쑥 쏟아 놓은 한마디
예사롭지 않게 날 섰다
바래지지 않은 말들은
녹으로 퍼져가는 동안
소리 소문으로 떠돌다
엉뚱한 곳에서 누수 된다
얼굴로 솟는 감정의 찌꺼기
줄기차게 솟아오른 잡풀 같은
모진 감정 삭이지 못해
옹이가 된 말
흉터다

비빔국수

팔팔 끓는 물에
구포는 부채춤을 춘다

부러지긴 해도
누구도 근접하기 범상치 않은
뜨거움
스르르 주저앉는다
새첩다

어지럼증에
움켜잡기 전
부리니게 찬물에 시혀야 한다
참 부드러워진 살결
손대기 여간 상그러운지

낯뜨거움을 붉은 고추장으로 비위를 맞춘다

적당한 달콤함으로 맘 풀어, 그 위에
아이들 웃음을 고소하게 고명 얹어
묵혀둔 친정엄마 손맛 가득한 신김치
얹어 놓으니
불그스름한 노을이 졌다

동공 속, 한낮

메마른 빛이 있다

내두룩 거미줄 친다

끌채로 끌어당긴다
뻗어 감기는
댕댕이 덩굴 같은 끈질긴
빛에 미끄러져 실눈 뜬다

가슴 펼쳐 널어야 한다
팔 다리 떼어 놓듯
생각과 머리를 떼어 놓는다
사방에 눈알만 또르르 굴려
가벼워진 눈꺼풀 속, 달의 공전은 시작이다

십삼 도 기울임 속에

줄달음질 쳐 봐도 엉켜 있던
한낮의 빛
세워진다

순간 민낯 드러냈을 뿐인데
흉터 감추느라
까만 밤은 성형 중이다

머릿속 기호들도 흩뜨린다

일찍이
그건 숨겨진
그림자 놀이다

청국장

혓바늘 돋아 칼칼한 국물이 생각나는 오후
우연찮게 텁텁한 된장 냄새를 코 앞에서 맡는다

예감 없는 감동으로 뛰어들고 싶은 향내다
주춤대기도 멈칫 서기도 한
벌건 향내에
피울대로 피워낸 콩깍지 바람기
냄새도 진하다
긴 장내를 드러내듯
곳곳이 아린 상처 불거져 나온다

날름대는 생각은 아랫목
이불 덮고 울던
첫사랑 속 끓이던 아랫집 앳된 단발머리

도대체 깊이도 모르는 눅내로

부뚜막에 담요로 덮고 있다
코를 처박아 본다

한 번 먹어 보고 싶은 독기
한 번 부려보고 싶은 독기로
순간 들끓는다

여기저기 솟고 있는
혓바늘같이 살 돋아 진하게 뜬
겪어야 했던 모든 이야기들
살갗만 데어도 사르르 무너지는
따듯한 냄새
자라다 만 사랑을 살 올라와 돋구어
다 겪어낸 자신의 흉터만큼
살고 있는
살아 있는 감정

한몫으로 구수한 바람을 일으킨다

아! 사람 맛이다

여름, 하루살이

딴짓하는 순간
뚝 떨어진 세상의 파편이다

혈관이 툭 튀어 올라와
사방은 침묵이다
부서지는 건 속내
살을 타고 흐른다
정적이다

한 살, 열 살, 마흔 살
젖는다
묵은 살속에 진한 물길이

갈증이다

하늘 길이 트이고

쪼그라드는 시간

긴 숨이었다
평온하다 지치게도
뽓뽓하던 것들
햇볕에 따글따글 말려내야지
하루를 쓸어내렸다

왜 이리 빈 것이 시원할까

정직하다 가을

참았던 마음은 어느덧
연락을 합니다

먼저 만나자고
술 한잔하자고
말하는 것은 소박한 소리인 것인데
무심한 소식은
헛디딘 발길을 탓하듯
마음을 쉽게도 넘어서는 행동거지에
풀어 놓았던 실타래를 안으로, 안으로 감습니다

마음을 아끼려고, 시간을 아낍니다
톡 터지는 꽃 봉오리에도 덜컥
힐긋 곁눈질해 봅니다

작은 바람 깃에도

예민하게 확인합니다
소식이 왔을까?
가슴 조이며 창가를 서성입니다

어느덧 입술을 깨물며
창틀 위에서
기다립니다

어느 날, 바람의 줄기 타고
비님이 왔답니다, 그리고
이제와 찾아온 당신을 맞이합니다

보고 싶다고 기다린 것은
그대의 마음이 아닌
오직 저의 바람인 것을
가로수는 일렬로 손을 흔들며 행진합니다

천년의 느티나무에 목탁이 달렸다

할매 소리가
목탁이 되어버린 세월을
내소사 중생을
가슴으로 치는 큰스님

고사리손을 잡아 주고도
안쓰러움 그득한
할매의 눈과 손이
쪼글쪼글 모아진다

긴긴 불경으로 모자라
치맛자락 쭉쭉 찢어
보잡아 주려다 지샌 날들
중생들의 뜨끈한 아랫목이다
몸으로 빌고
눈과 손으로 안는

긴 여정에 서 있는
할매와 할배
사방을 챙기느라
쥐어짠다
헐거운 바람도
허름한 계절도
두려워하는 중생들

부엉이 벽시계

몸에서
시계가 자라고 있다

걸어야 시간이 산다

오늘이 점점 자라고 있다
시간이 컸다
숫자들은 나를 조인다
무거움이 시작되는 순간
시계 속에서 내가 자란다
오르막 내리막으로
이탈을 꿈꾸며
살아 있다
덧꿰매어 만든 주머니 속에서도
숫자는 달아 오고 있다

사방을 옥죄는 긴장감
똑딱 똑딱
촉각을 일으킨 어머니 잔소리
빗더선다
맥박보다 더 뛸 수 없어
나의 몸과 귀를 저울질한다

어느새
가슴 떨린
내일 속에
시간 속에
내 나이도 빗더선다

벽에 부딪친 시계
꾸벅꾸벅 졸고 있다

아버지

추억을 화덕에 달구어
한 상을 차리는 손길이 있다

뚜껑 열린 보온병
온기를 품어 나오듯
뜨겁게 와 닿는
아버지

묵은 김치찌개 하나로
눈물 가득
매콤하다

바다는 출렁인다

바다와 바람이 만들어낸 섬
억센 굴곡이 있다

그래
더욱 울컥한 아름다움이다
세상 속 욕망의 목마름에
달려오는 파도를
얼큰하게 만들어낸
주름진 손
멈춰진 바람 달구어
바다를 채웠을

울렁인다
밤, 낮이 화려하다
그래 새끼 키워냈겠지
그래 노을이 시리다

아버지의 자동차

상속의 하루
처음으로 반사경 앞에서
겉옷을 벗었다
춥다
매몰찬 의료 정비사는
재생 불량을 외친다
부푼 다리에서 바람이 빠져나간다
공구에 옹골지게 얻어 맞으며
가해자와 피해자가
사이좋게 위기를 맞는다
잘려나간 팔뚝의 아우성
호흡곤란으로 자신의
마취상태에 놓였다
세상은 마취상태라는, 카피라이터의 글귀를 새기며
묵묵히 성형수술대에 오른다
한때 역주행의 반항아

겉싸개 밑으로 이명래고약 지우기 바쁘게
몽키스패너 한 발의 가격 속에
역사는 소용돌이 속이다
억울함이 묻어난
일방적인 달리기에
팔은 팔대로
다리는 다리대로
땅 위에 펼쳐졌다
곡소리 터졌다
연좌제 속에서
발버둥치는
아버지의 아버지
아무도 모른다
저 너머
뱃골에서는 소리가 흐른다

아버지를 떠나 부러진

내 다리

할머니 집은 아직도 초가집

볏짚 속에
숨겨진 이야기보따리
아직이다

하루의 해가
대들보 되어
환하다
아직이다

처마 밑에
들이밀던 고드름
햇살의 강렬한 저항 속에
종지기 같은 아들 손에
들려진 하늘 소리 차갑다
왕겨 던져 넣는 할머니 손은
아직이다

아궁이가 벌겋다
해거름에
종종걸음 소리는
아직이다

초가의 허연 꽁지머리
등이 휘어진 채
아직이다

용마름 감싼 새끼줄에
할아버지 청춘
들려 있다
아직이다

짚불 냄새
그득히 안고

뜨다 만 빨간 스웨터만이
윗목에 걸려있다
설빔 준비는
아직이다

아이의 기억은
아직이다.

겉절이김치

아직 청춘이다, 집이 없다
숨 쉴 때만큼이나 잃어갈 거 같은 내 형체
내 무게로 이제 숨조차 쉬기가 버겁다
맘에 들지 않은 사각의 녀석
보석 빛깔로 나를 쥔다
꼼짝 못하며 한 공간을 공유하고 있다
수십 년 같이 살아온 듯 저지하지 못하고
으르렁대면서 상처를 훑고 있다
진득한 액젓의 쫀득한 혀의 맛을 자극하며
보석의 모서리를 침범하고
내 속을 끄집어낸다
억류된 나를 내가 본다
어느 때 누그러져야 할까?
광란의 대자연까지도 품어낸 자연의 꽃
나 이제,

손을 잡아야 할 거야
떼를 지어 당기는 저 달콤한 혀끝의 언어들
사라진 보석은 내 몸에 들어찬다
그것들, 향내 가득 짭조름하다
나를 홀린 그
향내만 가득하더니, 바다를 버무린 세상을 일목요연하게 보여준다
삶터 잃은 기억을 수많은 빛으로 품은 사각의
모서리, 화려한 기억을 잃을까 본래의 자리로 회귀한다
이제 소금이란 이름을 버리고 찾아든 자리
뿌리 깊은 나무를 허물듯 옹골진 생강과 마늘이란 놈들까지
얹힌 내 몸, 나를 내려놓는다
말없이 그저 혀끝을 일으킨다

청춘과 바꾼 내 맛이다
발효된 열매까지 함께하는 마음 낯설다
잘려나간 시간만 농염하다

4부

깨어남은 새로움의 시작이다

명이

아득하다

무작정 벼랑 위를 오른다
구부릴 수 없는 성인봉은
버럭 화를 내듯
손과 발이
뾰족히 나와 있다

새첩다

잡았다

낚였다

벼랑 위에 걸터앉았다
그야말로 명이,
가냘프지만 가냘프지 않았다

낯선, 지금

멋쩍게 웃는다
그래봤자 감출 수 없는
미련스럽게 아둥바둥한 몸치이다

벽장 속 물건들이 우르르 쏟아지듯
감췄던 뒷모습들이 드러나는
순간, 나만 없다
내 이야기에, 네온사인 탓한다

거품을 품어내며 딸려가는
빗물이듯 미끄러질 뿐
이것도 저것도 없다
단지 내 소리가 부서진다
쩍 하고 갈라지고 떨어지는 언어만큼
나를 줍는다

남는 게 없다
그래도 가볍다

멋다,
맞아 나구나!

살아 있다, 돈이

호들갑 떠는 손엔
돈, 가볍기만 하다

시든 채소와 함께
깜박깜빡 졸고 있는 할머니
손이 가볍다

손엔 닿지 않는 그

웃음소리로 끄잡아 챈 채소는
싱싱하다

묵직하다, 주름진 손
아름다움이어라

수다가 인문학에 빠지다

오만가지 기호가 떠돈다
누구 것이라 얘기 할 수 없이
그것도 저것도 수긍의 고갯짓에
설렘이 가득하다

고갯길에 넘어질 것 같은 휘둘림이
오히려 강단 있게 서 있는다
평탄한 길 위에서
상처 나듯
수다 위에서 요란한
생각의 줄기는
어느새 길을 찾는다

귀엣말 속삭이던
그 시절을 찾아가듯
수다는 추억을 그린다

웃음을 찾는다

곳곳에 숨겨둔 이야기 가지
쫓기어 찍어 낸
광고판이듯
설명이 맞지 않는 순간들이
우르르 쏟아지듯 감췄던
뒷모습들이 드러나는 순간
그것 역시 우리 현실이다

돌아갈 수 있는 추억의 시간
그때 넘어 현재를 이야기한다
익숙하지만 낯선 모습에
심상치 않은
감정 표현을 쓴다
그리고 꾸덕꾸덕 말라가던

언어는 털기 시작했다
표정이 살아나고
언어가 살아나고
모습이 살아났다

파도가 세운 도시

22번가, 카프카

그대의 숨결을 느끼는 순간
아찔하다

고개를 들 수 없는 부끄러움
고개를 들 수 없는 비좁은 공간
사방을 쓰다듬는다
솜털까지 솟구치는 애틋한 정겨움
변신하고 싶다
아니 배신하고 싶다
가장 가까운 사람들
외면을 한다
이제 잡아줄 손이 없다
온몸을 감싼 슈트에 숨 막히는 몸짓
서리 낀 콧수염과 입김의 속도가

가팔랐던 만큼
분주한 발걸음이었다

그레고리,
매끈한 시대가 끌어낸 당신의 외출은
깊게 묻힌 더듬이의 환생으로
부서진 공기방울 하나라도 보듬은, 나에겐
사방이 상처다

22번가,
달 하나를 샀다

당신의 숨결에
머리 박고 운다
그립다, 초록의 당신
먹먹한 하늘 속에 갇힌 나에게

비밀을 알았다,
한 칸 안엔
바람도, 햇살도, 구름도 자연스럽다

앞방, 뒷방도 없는
사방이 오로지 22번가이다
이곳에서
배부른 자의 아픔은 주저앉는다

문주란, 침묵을 깨다

밤사이, 앞 베란다엔 소란스럽다
무장 해제된 소리가 어둠을 뚫고 있다
십 년의 몸짓
딱딱한 침묵으로
숨마저 멈칫 멈칫
굳이 살아있는 몸짓은, 창 너머 있고
그래도 눈길을
살아있는 기억을
침착하게 두드린다

모래언덕으로 지나온
갈증의 시간이 열린다

지나간 시간만큼 고귀한 몸짓
일으킨다
모찌기하듯

빛을 뽑아낸다

신간을 뽑아낸다

비가 씨앗으로 날린다

비가 씨앗으로 날린다

바람이 분다
빛을 채근하다
쭈글시럽게
하늘이 웃는다

마른 몸매를 뽐낸다
그래봤자 감출 수 없는
가벼운 홀씨를
품어내는 저기 화관 속 여인
가시 박힌 손등을 문지르며
뽑아낸 상처이듯
가슴 언저리에 묻어둔
이야기를 꺼내 든다

철없던 시절
가냘픈 마음답게
파릇한 향내 품어낸
순순히
그렇게
키웠다
그래서
그래서
그래서
하늘이 웃는다

비가 온다

숲속이 어색하게
흔들린다

머무른 곳에서
열에 들뜬 마른 먼지는
감정을 일깨운다 보고 싶다는
숨겨진 향기로
서성이다 지친 속마음을 전한다.
비가 온다

더듬어 볼 수 없는
기억만으로
흐른다 아련한 그때의 노래로
톡톡 터지는 빗물로
쓸어내린다 가슴 조였던 기다림을

뛰는 심장만큼

실컷 벗겨내는 대지의 비늘
비릿하다

실컷 두들겨 주며
보고 있어도 흔적으로 남는 물기이듯
밖에는 비늘로 쌓인다

시원하게 밖으로 나가야
맞을 수 있다는 걸
창문 너머에서
꺼내들었다 놨다 혼자서
아무도 없는 내 이야기
저기 흐른다

내 안에서 비가 내린다

휘둥그레 바라본 세상
싱싱하다
나가야 한다
창문 너머에
멈칫,
비릿하다
내 속의 마른 먼지 폴폴 날리기 무섭게
비늘이 벗겨지고 있다
비가 온다

대지는 이제 와 젖는다

화관 속에서

완벽했다
함께
너여서
여기라서
좋았다
고민은 녹아나고 즐거움은 솟아나고

웃음인가
육갑질인가, 덧없이
그렇게 우리는 오늘도
내일도 그럴 것이다

화관 속에
꽃이 솟는다

압화 아트 하면서

숨을 쉰다는 것
눈에서 눈물을 흐른다는 것
가슴이 아프다 것
웃을 수 있다는 것
열려 있다는 것
모르쇠로,
나보다 더 소중하게
멈춘 순간
내놓지 못한 채로
울음도 웃음도
시간을 가둔다
그래 그래서
아름다운 거야
그래 그래서
아픈 거야
기다려온 시간

달려온 시간
아름다운 꽃으로 머금은 소리
밀랍 되어 간다
숨막히는 아름다움이다

무진교회에서 시화전

나를 잡아 앉혔다
울퉁불퉁 고르지 못한 속내를 두드질 한다
무언가 잡히지 않는 감정으로
무조건 쫓기어
밤공기에 파묻히는 순간,
두려움 엄습하며, 지나온 발자욱 사라지고
다시 뒤돌아갈 수도, 앞으로 가기엔 두려운
부풀었던 순간이다
그건 철없는 내 모습 역력히 부풀었다 부풀었다
살결이 붉게 올라온다 부끄럽다
시간이 멈춘 지금, 이 자리 무진교회
그저 수수히 나를 보인다
무두질 찌꺼기와 쌓였던 속내를
생경하게
나를 떠나 뚜벅뚜벅 걸어나간다
살짝 가려진 한쪽 눈으로
부끄러움을 본다

라핀 꽃명

어머니가 오셨다
그윽한 향이 방안 가득 퍼진다
일 년을 비운 어머니 자리
자뭇 기대에 찬 눈길엔 전동 휠체어가
처음 맡아 본 향기이듯 생경한 모습으로
조금이라도 더 가까이 다가 가지만
아이는 딴청을 피운다

빈틈없이 아이들을 거느리던
쉬지 않던 잔소리로 어리광을 키웠던 입술에
아직 개화가 오지 않았다
오래 라핀을 우려낸 듯 깊은 향을 가진 세브르 박물관엔
꽃이 없다 꽃병은 있다

어머니는 책상 정리를 한다
하얀 도화지, 부러진 연필심에 박힌 자국을 지우개로

지운다
쓰다 만 일기장 위에 알림장이라 고쳐 쓰신다
캔뚜껑 10개, 음료수병, 나무젓가락 등
세 아이들 준비물을 조목조목 챙긴다

열 살 큰아이가 분리수거함을 헤집고 있다
간신히 수그린 고개는 길게 뻗다 이내 바둥댄다
버려진 빈 것들이 엉겨 붙어 음모를 꿈꾸듯
비밀스런 달싹임, 익숙한 물건들에서 피어나고 있다
휘어진 척추에도 훗훗하다

어머니는 아이 목욕을 시킨다
훌렁훌렁 벗긴 몸에 구석구석 비누칠하며 박박 문지를
때
아이는 아프다고 간지럽다고 까르륵대다가 훌쩍이고

젓내 나는 일곱 살 동생 머리에 비누칠 한다, 꽃병을 닦는다
처음 시작된 향기이듯 균형을 잡는다, 어머니
주먹 쥔 듯 손길에 힘이 들어가고, 입으로
꽃이 막, 피어난다

그리움은

멀다,
거리가
시간이
그래서 그립다

마음은 발걸음을
발걸음은 머리를
움직여 주지 않고

걸어도 발걸음보다
마음이 다가갈 뿐
좁아지지 않아
그래 그리움이다

길 위에서

길 위엔 많은 발걸음이 춤을 춘다
내 발자욱 너머에
보이지 않는 그 누군가의 발자욱
그래서 힘이 난다
그래서 쉽게 발걸을 옮긴다

너머 뛰어본다 한 발자욱 뒤일 뿐
그런대로 멈칫하는
내 발자욱 뒤엔
또 다른 이의 발자욱이

겹친 대로 따로 떨어진 대로
어쩌면 하나의 길을
돌아 돌아가고 있을 뿐
길 위엔 너도 나도 모두가 길이다

김은수 시집

연홍도

인쇄 2019년 1월 9일
발행 2019년 1월 14일

지은이 김은수
발행인 서정환
펴낸곳 신아출판사
주소 전북 전주시 완산구 공북 1길 16(태평동 151-30)
전화 (063) 275-4000 · 0484 · 6374
팩스 (063) 274-3131
이메일 shina2347@navercom sina321@hanmailnet
출판등록 제465-1984-000004호
인쇄 · 제본 신아출판사

ISBN 979-11-5605-593-8 03810

값 10,000원

이 도서의 국립중앙도서관 출판예정도서목록(CIP)은 서지정보유통지원시스템 홈페이지(http://seojinlgokr)와 국가자료공동목록시스템(http://wwwnlgokr/kolisnet)에서 이용하실 수 있습니다(CIP제어번호: CIP2019001299)

Printed in KOREA